El trabajo de José

Esta es la historia de dos ratones

que viven en una ciudad, con personalidades y actitudes ante la vida diferentes. El destino los une por casualidad. En su pequeño mundo, Luis se enfrentará a una situación en la que no sabe qué hacer, ya que nunca la planeó. La comprensión y tolerancia de José le ayudará a solucionarla. La supervivencia de Luis depende de la ayuda de José.

Valores implícitos

Tolerancia, solidaridad, perseverancia y responsabilidad.

Alex Lizarraga

El trabajo de José

*A mis padres y a mi hermano,
que siempre han apoyado
todas mis ideas y locuras.*

En una gran ciudad vivían dos
ratones. Sus nombres eran José y
Luis; y eran muy diferentes.

José era muy trabajador
y responsable. Luis, por el
contrario, era distraído y un
flojo de campeonato.

Los dos vivían muy cerca. Eran vecinos,
pero no eran amigos. Nunca se habían
cruzado sus caminos.

Mientras José iba todos los días al parque más cercano a recolectar alimentos como semillas, pedacitos de pan o comida en buen estado que los humanos dejaban por ahí, Luis, por el contrario, dedicaba su día a jugar, dormir y pasear.

Te preguntarás:
¿qué es lo que comía Luis?

Pues es muy sencillo. Robaba la comida de
la cocina en la casa donde vivía; comida
que no era de él. Nunca desaprovechaba
la oportunidad de una alacena o
cajón abierto o de una pizza o pastel
abandonado en la mesa de la cocina.

Un día, los dos ratones se encontraron
en la calle del barrio donde
ambos vivían. Se miraron por un
momento. Luis, que era muy curioso y
desenfadado, decidió saludar a José.

—Hola, me llamo Luis. ¿Cuál es tu nombre?

Con una mirada de sorpresa, José le contestó:

—Hola, mi nombre es José.

Entonces, Luis tuvo curiosidad por la vida de aquel ratón que nunca había visto y que se veía muy apurado.

—¿Dónde vives? —preguntó Luis con desenfado.

—Yo vivo en esa casa de la esquina —contestó señalando la casa donde vivía.

Luis le miró con ojos de curiosidad. Quería saber más de aquel ratón tan peculiar y decidió seguir con la conversación.

—Somos vecinos, porque yo vivo en esta casa —dijo Luis señalando la puerta de la casa de donde había salido.

Continuó la conversación con interés por parte de ambos ratones.

—¿A dónde vas con tanta prisa? —preguntó Luis.

—Voy al parque a recolectar comida —respondió José, muy orgulloso. Él tomaba muy en serio su trabajo.

Con cara de pereza, Luis comentó:

—¡Qué flojera! ¿Por qué recolectas comida en el parque?

—Pues para tener comida a diario y guardar también para el invierno. ¿Tú no recolectas comida? —contestó José extrañado.

—No, yo como la comida que robo de la cocina de la casa donde vivo. Alguna galleta, pedazo de pastel, queso o pizza que queda sobre la mesa, donde la dejan los humanos.

—¡Ahhh! —dijo José con sorpresa y desagrado.

Por un momento, los dos se quedaron callados y en silencio. José, con una mirada de desaprobación, decidió marcharse a realizar sus actividades y dejar a ese ratón ocioso en ese lugar.

—Me tengo que ir, se me está haciendo tarde —dijo José con prisa.

Se despidieron y cada uno tomó su camino. José se fue al parque cercano que acostumbraba a visitar para recolectar y Luis se dirigió al parque donde le gustaba jugar y robar alguna que otra golosina.

Ya en el parque, Luis se puso a pensar en lo que le había dicho José.

«Ese José es un tonto. Mira que salir a buscar comida teniendo una cocina llena de ella en la casa donde vive... No entiendo esa forma de vida tan aburrida y cansada. Yo no necesito trabajar para comer y vivir bien; solo tengo que tomar lo que quiero, aunque no sea mío».

Así, pasó todo el día y, cuando llegó la tarde, los dos ratones regresaron a sus respectivas casas.

Pero, como suele ocurrir en la vida..., hay cambios que no planeamos ni esperamos.

Días después, la casa donde vivía Luis se quedó vacía. Las personas con las que vivía se mudaron a otro barrio y Luis, muy preocupado, se encontró solo en ese lugar tan frío y sin qué comer.

—¿Qué voy a hacer? Me voy a
morir de hambre y frío.

Pensando y pensando, se le ocurrió
buscar a José y pedirle ayuda.

Estuvo varios días esperándolo, sin suerte. Al tercer día, se le ocurrió salir más temprano a esperarlo.

El otoño había empezado y la mañana estaba muy fría.

Para su sorpresa, José venía caminando cargado con una bolsa que se veía muy pesada.

—Hola. ¿De dónde vienes tan temprano? —dijo Luis saludando a José.

—Buenos días —contestó José muy sorprendido al ver que aquel ratón tan flojo lo estuviera esperando a esa hora tan temprana—. Vengo del parque; hoy fui más temprano a recolectar piñones de temporada. Hay que aprovecharlos. Yo los guardo para comer en invierno, cuando no hay mucha comida y hace mucho frío para salir a recolectar.

Al escuchar esto, Luis le contó lo que le había pasado y que no tenía qué comer.

José, muy pensativo, lo escuchó con atención y en silencio. Cuando Luis terminó de hablar, José tomó la palabra y le hizo una propuesta.

—Yo te puedo invitar a vivir en mi pequeña morada.

Luis, muy feliz, respondió:

—¿De verdad harías eso por mí?

—Sí, pero hay una condición —dijo José muy serio—. Tendrás que trabajar lo mismo que yo, todos los días, para que no nos falte alimento.

Muy serio y algo preocupado, Luis contestó:

—Yo nunca he trabajado,
siempre he vivido de las
personas con las que convivía.

—Eso no es problema. Nunca
es tarde para aprender y
valernos por nosotros mismos.
Yo te puedo enseñar. ¿Aceptas?
—contestó muy decidido José.

Luis, después de pensarlo un
momento, aceptó.

Juntos, se dirigieron a recoger las pertenencias de Luis en su antigua casa. En el camino, José le explicó la importancia de prepararse para el futuro, ya que nunca hay que confiarse a la suerte.

EL EQUILIBRIO
DE MORFEO

El trabajo de José

© del texto y de las ilustraciones: Alex Lizarraga
© del diseño y corrección: Equipo BABIDI-BÚ

© de esta edición:
Editorial BABIDI-BÚ, 2025
Avda. San Francisco Javier, 9, 6ª, 23
Edificio Sevilla 2
41018 - SEVILLA
Tlfn: 912.665.684
info@babidibulibros.com
www.babidibulibros.com

Impreso en España
Primera edición: noviembre, 2025

ISBN: 979-13-87982-23-2
Depósito Legal: SE 1834-2025